U0056131

特斯拉的交流電奇想

為電添上突破限制的翅膀

李惠珍 著・朴賢株 繪・高俊台 監修・游芯歆 譯

目次

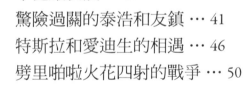

第 1 章
尼古拉・特斯拉
是位科學家

有人要和我同一組嗎？

　　泰浩最喜歡科學課，喜歡科學教室裡散發的消毒水味道，也喜歡整齊擺放的三角燒瓶，就連站在教室角落裡的人骨模型他也不害怕。在科學教室裡做實驗的時候，因為不知道會得到什麼結果，總是讓他緊張又期待。液體在燒瓶裡混合之後變色的實驗很神奇，連接電線點亮燈泡的實驗也很有趣，泰浩真希望一整天都上科學課。

　　但是，今天的科學課沒有要做實驗，老師突然說要大家進行分組報告，接著在黑板上逐一寫下科學家的名字。

　　「大家可以自己分組，調查科學家之後報告。一組三個人，可以找志同道合的同學一組。」

同學們開始騷動起來，互相討論著要和誰一組，一時之間教室裡變得鬧哄哄地。泰浩東張西望，想著要和誰一組，結果沒有一個人開口邀約泰浩。

　　泰浩看了看友鎮，友鎮是和泰浩一起上托兒所、幼兒園的玩伴。但是，就在泰浩和友鎮四眼相對的時候，恩修、賀丹和民俊卻突然一窩蜂地跑到友鎮的座位來。

　　（怎麼辦？）

　　泰浩猶豫不決地站了起來，椅子發出「嘰」的一聲。聽到這個聲響，友鎮又看了泰浩一眼。泰浩一屁股坐回了椅子上，大家都是三個人一組，只有友鎮那組有四個人，而且只剩下泰浩一個人還沒分組。

　　老師看著友鎮的小組說：

　　「那組有四個人耶！其中一個人和泰浩一組吧，誰要過去？」

　　恩修、賀丹和民俊你看看我、我看看你，沒有人開口回答。泰浩什麼話都說不出來，只能盯著桌子看。這時，友鎮爽快地說：

　　「我！我和泰浩從還是小嬰兒時就認識了。」

「還是小嬰兒就認識？」

「是呀，而且泰浩的媽媽和我媽媽在月子中心還是同一屆呢！」

同學們哇哈哈地哄堂大笑，老師看到友鎮和所有同學都相處融洽，於是說：

「好，既然你們有這麼久的交情，一定也會很有默契。加油囉！那麼接下來決定每一組要報告的科學家，老師先介紹這幾位是誰。」

老師播放了科學家的介紹影片，泰浩卻沒有看影片，而是盯著友鎮看。友鎮竟然主動說要和自己同一組，泰浩覺得友鎮真的是他最棒的朋友。

其實，雖然泰浩和友鎮從嬰兒時期就是朋友，但是友鎮除了泰浩之外還有很多朋友。而且友鎮上台報告時一點都不會害怕，也能講得很好。如果和友鎮同一組的話，就不用擔心上台報告了，泰浩因此感到安心不少。

特斯拉是汽車？還是科學家？

影片播完了，同學們為了決定要報告的科學家又七嘴八舌了起來。在吵鬧之中聽到最多的是喊著「愛迪生」的聲音。

友鎮來到泰浩身邊對他說：

「大家好像都想報告愛迪生，我們先下手吧！」

但是，在黑板上列出的科學家之中，泰浩從剛才就一直盯著「特斯拉」這個名字看。友鎮碰了碰泰浩的肩膀繼續說：

「愛迪生很有名呀，要找資料也很容易。」

然而，泰浩好像根本沒在聽友鎮說話，開心地笑著說：

「我們選特斯拉吧。」

泰浩的腦海中，一輛閃閃發光的汽車正在奔馳。泰浩從小就喜歡汽車，只要看到汽車的一部分，就能馬上猜到是什麼公司的哪一款汽車。

　　泰浩只知道特斯拉是一個電動車的品牌，沒有實際看過車。不過那些在影片裡的電動車，看起來俐落又帥氣。最神奇的是，這麼大一輛汽車只要在充電站充電就可以快速行駛在道路上，就像玩具一樣！泰浩當下想著，特斯拉應該就是發明電動車的人。

　　泰浩一臉著迷地舉手說：

　　「老師，我們選特斯拉。」

　　友鎮把泰浩的手拉了下來。

　　「不是啦，我們還沒決定好，正在討論要不要選愛迪生……。」

　　話才剛說完，其他同學便吵了起來。

　　「喂，我們也要選愛迪生耶！」

　　於是老師決定，比較多人選的科學家由各組派出一個人，用剪刀石頭布的方式猜拳決定。友鎮走到教室前方猜拳，可是猜了好幾次都輸了。選到愛迪生的同學高興地回到座位，原本想和友鎮一組的民俊開玩

笑地對友鎮說：

「看吧，跟我們一組不就好了！」

「就是說啊！哈哈！」

聽到友鎮這麼說，泰浩感到很不高興。看來友鎮想去別的小組做愛迪生的報告，泰浩突然有點後悔，早知道就不要選特斯拉了。在這短短的時間裡，還沒有人選的科學家就只剩下特斯拉了。

「結果只剩下泰浩你想選的了！」

泰浩頓時感到有些抱歉，雖然一開始是自己想選特斯拉，現在真的決定了，反而擔心了起來。友鎮看著泰浩，不滿地說：

　　「你不是喜歡科學嗎？既然這樣就交給你去調查吧，反正我都不懂。不過，為什麼在科學家的名字裡面會出現汽車呢？」

　　「不知道，會不會他就是發明電動車的人？」

　　老師聽見友鎮和泰浩的對話，插嘴說：

「剛才的介紹影片你們都沒有認真看，對吧？有一位名叫尼古拉‧特斯拉的科學家，在電氣化領域有許多貢獻，所以一家美國的電動汽車公司就以他的名字為公司命名。特斯拉不是發明電動車的人。」

聽了老師的解釋，友鎮諷刺地說：

「泰浩，你搞什麼啊？還裝得像是自己什麼都知道一樣！」

泰浩滿臉通紅。

老師轉身面向黑板說：

「還沒決定好的只有友鎮和泰浩這一組，剩下的科學家也只有特斯拉，這就是緣分吧？哈哈！」

老師在黑板上的特斯拉旁邊寫上友鎮和泰浩的名字，接著開始講解有關電的知識。

「來，大家看看我們的教室。日光燈亮著、冷氣在運轉、電腦開著、擴音器裡有聲音傳出來，這些靠的是什麼？」

「電！」

「沒錯，全都是因為電的力量。那麼，電是從哪裡來的呢？」

瑪麗·居里－○○○
○○○
○○○

特斯拉 － 金泰浩
李友鎮

愛迪生 － ○○○
○○○
○○○

石宙明 － ○○○
○○○
○○○

對於老師的問題，同學們給出了各種回答。

「從電線桿來的。」

「大海！」

「是水壩。」

「從發電廠。」

老師要小朋友們停下來，然後開始說明。

「是的，在大海或河流之類可以利用水的地方，
有些會以水力發電的方式產生電力；有些則是利用風

17

的力量，也就是風力，或是核能等各種方法發電，再輸送到我們住的地方。尼古拉‧特拉斯這位科學家，在電力的長距離輸送的技術上帶來很大的影響。」

泰浩和友鎮都嚇了一跳，老師笑著補充說：

「尼古拉‧特斯拉到底施了什麼樣的魔法，讓電力能長距離移動呢？請泰浩和友鎮好好研究特斯拉後上台報告給我們聽吧，一定很有意思！」

了不起的電，了不起的特斯拉

　　泰浩一直對友鎮感到很抱歉。友鎮原本想報告愛迪生，似乎是因為自己才不得已選擇了特斯拉。

　　泰浩心懷歉意，所以覺得自己要比友鎮更認真查資料才行。友鎮擅長上台報告，所以泰浩心想那就讓他負責報告就好了。

　　在學校時，泰浩問了友鎮：

　　「我們要什麼時候做作業？」

　　「什麼作業？」

　　「準備特斯拉的報告呀！」

　　「哎呀，我都忘了。可是我今天已經約好了要踢足球！」

「那明天呢？」

「明天要去補習班，怎麼辦？不然你先做吧，我負責上台報告。」

友鎮不當一回事的態度，泰浩頓時也不知道該怎麼反駁。

「泰浩，你不是喜歡科學，更喜歡特斯拉嗎？那不是很好嗎？我先走了。」

友鎮嘲諷地說完，拍拍泰浩的肩膀就走掉了。

從小一起長大有什麼用，友鎮總是顧著跟別的小朋友玩。雖然泰浩也想和友鎮一起玩，但和不熟的同學相處會讓他覺得尷尬，所以下了課總是馬上回家。與其在同學們身邊晃來晃去，不如自己一個人還來得更自在。

　　然而今天的情況，明明是同一個報告小組，友鎮卻總是像泥鰍一樣想溜走，讓泰浩的心情很糟糕，就連原先因為要報告特斯拉的歉意也消失得無影無蹤。

泰浩拖著沉重的腳步回到家裡，不僅吃了熱狗，還查了一下有沒有新車上市，尤其對電動車的消息看得更是仔細。

雖然上網看著新車的資訊，泰浩還是會不時想起特斯拉的作業。

要找友鎮一起做的話，可能還得等上好幾天，不如先自己查查看。

這時媽媽正好回到家，泰浩便來到客廳迎接。

「媽，妳回來啦！」

但是媽媽對泰浩的問候心不在焉，只是皺著眉頭看著手上的大樓管理費明細表。

「哎喲，這個月電費怎麼這麼高？」

泰浩看到媽媽皺著眉頭，儘管自己沒有做錯什麼事，也還是忍不住覺得心虛。媽媽看起來心情不好的時候，最好是趕緊溜回房間。就在泰浩正要走進房間的時候，媽媽叫住了他。

「金泰浩！你玩電腦遊戲是不是有超過和媽媽約定的時間？」

「沒、沒有。」

雖然是真的沒有，但被媽媽一逼問，還是會忍不住畏畏縮縮。

　　媽媽突然走到洗手間的門前，啪地一聲關掉電燈開關。

　　「你看！我不是說過沒用到的電燈要關掉嗎？這樣會白白浪費能源，也要繳更多的電費。」

　　「好，我知道了，我會記得關。」

　　泰浩無精打采地回答之後，趕緊走進房間裡。這種時候，盡量不要出現在媽媽眼前才是上策。

　　泰浩重新坐回電腦前，聽到電腦嗡嗡的運作聲，便想起今天老師提到的電力。電腦靠電力開機，客廳的燈要有電才能打開，冰箱也要靠電力才能運轉，加濕器、空氣清淨機、智慧音箱等都是靠電力來運作。泰浩的視線沿著電線移動，看到了插座，有了與平時不一樣的感受。

　　「電就是從這個孔裡出來的嗎？」

　　探頭望向窗外，可以看到一條接著一條的電線。沿著如此細長的電線而來的電，竟然可以讓水結成冰塊，還能啟動遊戲機，泰浩愈想愈感到很神奇。

一旦停電，首先冰箱裡的食物會馬上開始融化或變質，電梯會無法運作，燈也會全部熄滅，就連醫院裡治療病患的儀器也無法使用。仔細想想，這已經遠遠超越不方便的程度了。

　　除了媽媽偶爾會因為電費變得很凶之外，電真的是值得感激的東西呢。

　　我們可以輕輕鬆鬆使用這麼多用途的電，居然都是這位科學家的功勞！

　　「這樣的話，電是特斯拉發明的嗎？是他讓電運作的嗎？又好像不是，他到底對電做了什麼呢？」

　　泰浩感到好奇，不停地在網路上搜尋。

　　搜尋研究電力的科學家，首先找到的就是愛迪生和特斯拉。愛迪生為了讓人們方便使用自己發明的燈泡，建造並鋪設了電力系統。而特斯拉研究電的長距離傳輸，為的是讓用電更為普及。

　　而且資料上還說，特斯拉被譽為是天才科學家、電的魔法師。

　　「看起來感覺很了不起，不知道是什麼樣的人，竟然能得到這麼多的讚美？」

與電力相關的事物當中，有許多以特斯拉的名字命名。譬如一家電動車公司就叫「特斯拉」，還有氫能車公司的名稱叫「尼古拉」。科學理論中有「特斯拉」這個磁場單位，月球上有被命名為「特斯拉」的隕石坑。歐洲國家之一的塞爾維亞，為了向塞爾維亞裔的特斯拉致敬他的成就，將機場冠名為「特斯拉」。而且，聽說塞爾維亞的紙幣上也印有特斯拉的頭像。

　　「看來特斯拉真的是很了不起的人吧？不然大家怎麼會以他的名字來命名呢？」

　　泰浩心情好了起來。特斯拉是一位不亞於愛迪生的偉大科學家，如果友鎮知道了這件事，應該會很高興吧。泰浩馬上打電話給友鎮，但他沒有接。泰浩又打了好幾次，最後只好放棄，開始試著尋找與特斯拉相關的書籍。

　　愈了解特斯拉就覺得愈有意思，泰浩就這樣迷上了特斯拉。

電可以做些什麼？

現在請看看四周，是不是有各種會使用到電的東西？從我們的日常生活到想像不到的地方，四處都有電發揮功用讓運作更方便。

家裡的洗衣機、電冰箱、果汁機等各種家電產品，還有用電發熱的取暖用品，都是要用電力才能啟動。

要有電才能打開路燈，照亮道路，也才能啟動交通號誌燈。火車和地鐵也需要電力來運行。

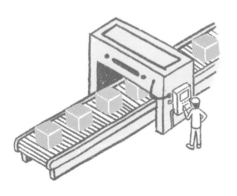

工廠裡的機械必須要有電力才會轉動，製造我們生活中所需要的各種物品。

醫院裡使用各種仰賴電力的醫療設備來治療病患。

第 2 章
互不相讓的
特斯拉和愛迪生

阻擋不了的特斯拉，停不下來的泰浩

　　第二天，泰浩一見到友鎮就跟他說有關特斯拉的事情。看到友鎮好像有聽進去，泰浩的興致更高了。

　　「我還查了特斯拉小時候的故事，你聽聽看。」

　　泰浩小心翼翼地拿出小筆記本，昨天找資料時他還記下了幾個關鍵字。

　　「調皮鬼發明家！」

　　友鎮一臉不解地問：

　　「調皮鬼？特斯拉嗎？」

　　「嗯，聽說小時候很調皮。為了讓朋友們看到他潛水的模樣就跳進水裡，差點淹死；還有在水壩裡游泳的時候被水流沖走，也是差點沒命。而且他好像從小就很會製作東西，像是把鐵絲弄彎做成魚鉤來釣青

蛙。某年金龜子特別多，他還把線綁在金龜子身上，用牠們搧動翅膀的力量做成金龜子發動機。你不覺得他真的很奇葩嗎？」

友鎮聽完泰浩的描述，點了點頭說：

「嗯，的確有點特別。」

泰浩只要一到休息時間就跑到友鎮的座位，沒完沒了地講著特斯拉的故事。友鎮於是問他：

「你現在滿腦子都是特斯拉吧？虧你當初還以為特斯拉是汽車品牌。」

泰浩搔了搔頭。

「查了資料才發現他是一個非常有魅力的人，而且還很了不起。」

泰浩又從筆記本裡找到了另一個關鍵字。

「阻擋不了的人！」

「阻擋什麼？」

友鎮漫不經心地問。

「據說啊，特斯拉想讀科學，但他的爸媽希望他去學神學。你知道特斯拉是怎樣讓父母同意的嗎？」

「我哪知道，難道他離家出走？還是絕食？」

泰浩聽了友鎮的回答，噗哧地笑了出來，然後用興奮的聲音說：

「特斯拉17歲的時候感染霍亂，聽說症狀非常嚴重，還在床上躺了好幾個月。那時候，特斯拉就拜託父母，如果能痊癒，一定要答應讓他去讀科學。在這種不知道自己會不會死的情況下還在想學習的事，很了不起吧？」

「嗯，的確是。」

泰浩又翻了翻筆記本，語氣興奮地說：

「特斯拉的專注力超強！」

友鎮一聽，皺起了眉頭。

「專注力超強？那不是理所當然嗎？泰浩，這世上有哪個科學家會專注力不足？」

瞧友鎮一臉不以為然，泰浩感到有點掃興，但他還是堅持說完。

「特斯拉幸運地康復之後，才終於到奧地利的一所理工學院就讀。好不容易死裡逃生，又好不容易說服父母，總不能隨便讀吧？據說他非常認真用功，整天都抱著科學書籍不放，連教授都認同他是十分優秀的學生。」

才剛說完，友鎮再一次抓住了話柄。

「泰浩呀，你自己想想看也知道，認真用功的科學家多得是，就沒有其他更特別的嗎？」

聽友鎮這麼一說，泰浩有點難以啟齒地回答：

「其實有件事我不知道該不該說，據說特斯拉曾經沉迷於賭博，把獎學金、生活費都拿去賭博。就這

樣直到全部輸個精光之後，才重新回到研究。」

這一次友鎮雙眼發亮地說：

「哦哦，有意思，我喜歡這種不正經的故事。」

「嘖，友鎮你也很讓人受不了。」

泰浩又翻了翻筆記本，像是突然想到了什麼，對友鎮說：

「對了，特斯拉會擁有超強的專注力，是因為一個有點悲傷的故事。在特斯拉小的時候，他的哥哥好像在騎馬時出意外死掉了。」

「啊，真的嗎？這太悲哀了。」

不知道怎麼回事，友鎮第一次表現出對泰浩說的故事有共鳴，泰浩繼續說下去。

「或許是因為特斯拉有過這樣難過的經歷吧，據說他從小眼前不時會平白無故出現強烈的閃光，讓他感到很痛苦。所以他為了克服這種情況，經常練習專注思考一件事情。多虧有這樣的練習，後來即便是複雜的機械設計，他也可以在腦海裡完美地描繪出來。依照在腦中構想的設計直接進行實驗時，結果居然和他所想的完全一樣，真的很厲害對吧？」

「嗯，是有點厲害。我也希望可以一看到考試題目，腦子裡馬上出現答案。」

友鎮用兩根食指抵著兩側太陽穴，做出搞笑的表情，然後啪地打了一下泰浩說：

「我看呀，是阻擋不了的特斯拉，加上停不下來的泰浩！只要著迷就顧不上別的，只專注在那件事情上，簡直跟你一模一樣。看吧，你現在還不是每到下課時間就過來聊特斯拉？」

「哈哈，我有嗎？」

泰浩一臉尷尬地搔了搔頭。

小泥鰍友鎮

第二天放學之後，泰浩和友鎮去了公園，雖然是
為了討論作業才碰面，兩人卻一直在盪鞦韆。公園的
一角有一群鴿子聚集在一起咕咕叫，幾個孩子飛奔過
來，鴿子被驚嚇得拍著翅膀全飛走了。

泰浩和友鎮嘴裡各含著一支冰棒，坐在溜滑梯的
頂端。

友鎮開口問：

「泰浩，要上台報告的東西你都準備好了嗎？我
也查了一些特斯拉的資料，但都沒什麼有趣的事，就
不想做了。」

泰浩聽到友鎮這樣說，既不能附和，也不好說自
己覺得很有趣，只好默不作聲。

「一個小時候只會調皮搗蛋的孩子，後來成了優秀的科學家，這也太容易猜到了吧？偉人傳記裡的人物不都是這樣。」

泰浩小心翼翼地搖了搖頭說：

「但是，特斯拉也不是隨隨便便就成為科學家。因為父母希望他成為神職者，而不是科學家。直到特斯拉病得差點死掉，痊癒之後才勉強允許他去讀理工學院，所以特斯拉進了學院之後，真的很認真用功。教授們很擔心特斯拉的健康，甚至寫信給他的父母，要他們勸特斯拉不要整天只知道念書。」

友鎮臉上露出驚訝的表情。

「不會吧，他到底有多認真，教授們才會寫這種信叫他不要那麼用功？哈哈！」

「他可能都不跟朋友們去玩，也不參加聚會，真的像瘋了似地只專注在學習上吧。他本來就是一個專注力超強、誰也阻擋不了的人呀！」

「要怎麼做才能只專注在一件事情上呢？如果是我的話，一定覺得很無聊。」

泰浩和友鎮吃完了冰棒，玩起了把冰棒棍投進公

園垃圾桶的遊戲。友鎮一再地失敗，而泰浩只投了一次就成功了。

「泰浩，我就說你像特斯拉吧！專注力強，一次就投進去了。」

友鎮的稱讚讓泰浩臉都紅了起來，泰浩似乎想掩飾自己的害羞，更熱烈地說著特斯拉的故事。

「說到專注力，我想起了一件事。之前不是說過特斯拉擁有一種天賦，任何複雜困難的設計他都可以在腦海中完美地描繪出來嗎？那應該就是因為他的超強專注力才有可能做到吧。後來他到一家電氣公司工作，能力得到肯定，所以後來也在愛迪生位於美國的公司工作。」

友鎮輕輕拍了拍泰浩說：

「你這傢伙，調查得真清楚。用你記在筆記本裡的那些關鍵字做成報告不就行了？」

「可、可以嗎？」

泰浩還在猶豫不決的時候，友鎮已經拿起書包。

「那我先走了，明天見！」

友鎮咻地一溜煙就跑掉了，留泰浩一個人在公園

裡不知如何是好。泰浩心裡很不是滋味。結果友鎮什麼也沒做就溜走了。

　　泰浩仔細想了想友鎮說的話，決定按照友鎮說的做做看。他打開筆記本，拿出鉛筆，把特斯拉的照片放在中間，並在周圍寫下相關的重要資訊。

驚險過關的泰浩和友鎮

　　從那天起，泰浩就一直在等友鎮什麼時候有空，不過友鎮老是很忙，一下說要去幫朋友慶生一溜煙跑掉，一下又說自己要去補習班，隔天又說肚子痛便跑走了。

　　上科學課時，泰浩死命盯著坐在前方的友鎮，想像視線化為閃電射向友鎮的後腦勺。

　　這時，就像泰浩真的射出閃電打到了友鎮的腦袋一樣，友鎮抓了抓頭，突然發出一聲驚叫：

　　「哎呀，好痛！」

　　泰浩嘻嘻地笑了出來，不過老師說：

　　「那是因為靜電的關係。最近天氣乾燥，更容易產生靜電。大家知道嗎？靜電也是一種電喔。」

友鎮像在安撫似地，小心翼翼地用手指順了順自己的頭髮。

　　「我們的身體也帶有電，只是因為太微弱了，所以感覺不到。大家知道當心臟停止跳動，可以用電擊器救活，對吧？這樣做也是為了用電流刺激，讓心臟重新跳動。」

　　一聽到電的話題，泰浩就豎起了耳朵。

　　「說到這裡，就想起了特斯拉。特斯拉小時候養了一隻貓，每到乾燥的冬季，撫摸小貓的時候都會發出劈里啪啦的聲音，還會有火花。這是為什麼呢？」

　　「因為靜電！」

老師的問題才剛講完，友鎮就馬上回答。

「哇，友鎮很厲害喔！回答得比光速還快！不愧是特斯拉小組！」

聽到老師的稱讚，友鎮笑得很開心。

「沒錯，特斯拉小時候看到的靜電，成了他日後研究上的重要契機。特斯拉一直沒有忘記這個經驗，後來對電流產生了興趣，開始進行研究。特斯拉用非常特別的方式向人們展示研究成果，譬如利用電流讓身體發光，或是在沒有電線的情況下打開電燈。」

「哇，真的嗎？」

「很像魔法對吧？所以人們也稱特斯拉是『電的魔法師』。」

老師看著友鎮問：「友鎮，對嗎？」

友鎮愣了一下，接著很快回答：

「是呀，哈哈。電的魔法師！因為他能力很好，還在愛迪生的公司工作。」

「友鎮說的沒錯，特斯拉也是一位了不起的科學家，甚至能與愛迪生競爭。老師很期待友鎮和泰浩的特斯拉報告喔！」

友鎮充滿自信地向老師豎起大拇指，泰浩則是一臉無奈。友鎮別說查資料了，就連泰浩的說明也是愛聽不聽的態度，現在卻一副特斯拉專家似地，看他那趾高氣揚的模樣，真是討厭。

　　下課之後，友鎮小聲地對泰浩說：

　　「我問你，特斯拉真的是愛迪生的對手嗎？他不是愛迪生的下屬嗎？」

　　泰浩賭氣地回答：

　　「我也不知道啦！」

靜電是什麼？

靜電是摩擦產生的電，也稱為摩擦電。其性質是靜靜地停留在原處不會流動，所以才被稱為靜電。

通過簡單的實驗可以觀察靜電的存在。試著用布摩擦氣球，然後將氣球靠近剪碎的色紙片，就可以看到色紙碎片附著在氣球上。

雖然平常靜電就像會讓我們突然受到驚嚇的不速之客，但有些生活用品就正好應用了靜電的這種特性，例如拂去灰塵的撢子和包裝食品時用的保鮮膜等，都是利用靜電的生活用品。

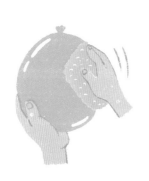

靜電從什麼時候開始成為研究的對象？

最早研究靜電並記錄下來的人是古希臘自然哲學家泰利斯（西元前約624年～約546年），泰利斯發現用布擦拭過的礦石琥珀會吸引灰塵或細絲。電的英文「electricity」，就是源於代表「琥珀」之意的希臘文「electrum」。

特斯拉和愛迪生的相遇

　　不知道為什麼，今天友鎮沒有跑去別的地方，而是一路緊跟著正要走回家的泰浩。泰浩和友鎮的家只隔著一條大馬路，泰浩雖然高興友鎮跟著自己，但同時也覺得他很討厭。

　　（嘖，才在老師面前裝出一副很懂的樣子，這就喜歡上特斯拉了呀！）

　　兩個人沒有各自回家，而是站在友鎮家社區的花壇邊繼續聊了好一陣子。

　　「果然偉人都懂得賞識彼此啊，所以特斯拉也才會想在愛迪生的公司任職，對吧？」

　　然而這話聽在泰浩的耳裡，感覺比起特斯拉，友鎮似乎對愛迪生更感興趣，他對此感到很失落。

「友鎮，你多關心特斯拉一點吧。你還對愛迪生念念不忘嗎？」

友鎮像是被看穿了內心，尷尬地笑了起來。

「啊？我有嗎？反正就是很神奇嘛，兩位科學家竟然會在同一家公司。泰浩，要不要去我家一起查查看資料？」

「啊，好、好啊。」

泰浩糊里糊塗地就跟著來到友鎮家。

兩個人找了有提到特斯拉的影片來看，影片中出現了特斯拉年輕時期的故事。這時，友鎮突然中斷了正在播放的影片。

「哎喲，一直看，看得好煩喔！我們先打一局遊戲再看，好不好？」

泰浩一臉無奈地看著友鎮。

「我就覺得哪裡怪。剛才你表現得太積極了，我還以為你變了個人咧！」

「嘻嘻，我本來以為會很有趣，果然科學還是不適合我。」

友鎮慢慢地從影片轉移注意力，開始玩起了智慧

型手機上的遊戲。泰浩看著這樣的友鎮，心裡想著：

（唉，是我不好，我不該指望你的。）

泰浩自己看完影片之後，又查了一些看過影片之後還意猶未盡的內容。他呼喚了友鎮，並告訴他新查到的資料。

「友鎮，我跟你說，特斯拉在進入愛迪生的公司之前，曾經在匈牙利的一家電信公司工作過。他在那裡上班的時候，也是非常優秀的員工，遇到難題他都能順利解決。」

不過友鎮的眼睛還是黏在手機上，只有隨口回答泰浩：

「哦，所以是愛迪生公司挖角他嗎？」

「不是。因為特斯拉表現非常出色，所以是他的同事為他寫了推薦信給愛迪生公司。你知道推薦信裡寫了什麼嗎？」

對於泰浩的問題，友鎮聳聳肩表示不知道。

「信裡是這麼寫的：『我認識兩位偉大的人，其中一位是您，而另一位就是這位年輕人。』是不是超厲害的？」

泰浩想像著身材高大、修長、留著帥氣鬍鬚的特斯拉，拿著推薦信和愛迪生見面的場景，忍不住露出了笑容。

劈里啪啦火花四射的戰爭

　　泰浩輕輕拍了拍友鎮說：

　　「友鎮，如果有人說他在這世界上認識兩個偉大的人，其中一個是你的話，你會有什麼感覺？」

　　友鎮想了想說：

　　「應該會很開心吧！我媽偶爾會這麼說，說我和弟弟是這世界上最可愛的人。泰浩，你不覺得我很可愛嗎？哈哈。」

　　「反正你呀，要知道自己是個厚臉皮的人啦！」

　　然而友鎮突然追問似地說：

　　「既然是全世界最偉大的人之一，那在另一個人底下做事一定很傷他的自尊心吧。」

　　泰浩直接表達自己的想法，偏袒特斯拉地說：

「哪有人從一開始就能成功？都是按部就班，一步步前進的啊。」

　　「反正愛迪生是老闆，特斯拉是他的員工，不是嗎？嘖，那還說什麼對手呀！」

　　泰浩覺得友鎮似乎不認同特斯拉，心裡很難受。

　　「那是因為愛迪生非常有名，他的公司也很大。特斯拉當時的同事們看到他遇到複雜的機械問題都能

順利解決，才慢慢將更重要的工作交給他，後來特斯拉還讓愛迪生的電機技術有了更進一步的發展。愛迪生看到特斯拉的實力，也認為他是個人才。」

「那後來怎麼樣了？我很好奇。」

「愛迪生對特斯拉承諾，如果他能製造出新的發電機就會給他五萬美元。然而，當特斯拉成功地製造出來之後，愛迪生卻說那只是開玩笑，並沒有遵守承諾。還有，雖然特斯拉說交流發電機更好，建議開發這項產品，但愛迪生沒有接受。因為愛迪生的事業版圖已經很大了，所以很難改變方向。最後，特斯拉就離開了愛迪生的公司。」

泰浩興奮地繼續說明：

「特斯拉和同事成立了公司，製造交流馬達。與愛迪生公司競爭的西屋電氣公司買下了特斯拉的專利權，用交流發電機供電，於是就爆發了電流戰爭。」

友鎮聽得雙眼瞪大。

「戰爭？開槍打仗的戰爭？」

「不是那種戰爭，是直流電公司和交流電公司彼此自賣自誇，競爭激烈到像戰爭一樣。」

泰浩又看了一次查到的資料，繼續解釋：

「愛迪生公司早就以直流電系統在供應電力，為了不被西屋電氣搶走生意，就宣傳交流電很危險，還進行實驗，讓貓、狗、大象接觸交流電然後被電死，或是讓執行死刑的椅子通上交流電等等，讓人們覺得交流電很危險。再怎樣也不能殺死動物呀！你不覺得太過分了嗎？」

泰浩激動了起來，但友鎮只是平靜地反駁：

「一定是因為真的很危險吧，愛迪生不可能故意這麼做。」

泰浩因為友鎮一直偏袒愛迪生，心情變得很差。

「你什麼都不知道，為什麼還一直反駁我？」

友鎮也不高興地噘著嘴說：

「對啦，我什麼都不知道！你最厲害，那報告都給你做！」

「什麼？那你要做什麼？」

「我負責上台報告不就行了！反正你每次上台，臉就會紅得像烤熟的番薯一樣。」

泰浩有種電流滋滋作響直通頭頂的感覺。的確，

泰浩只要一上台就會臉紅，可是友
鎮既不會臉紅，說起話來也很流
暢。可是，這次如果讓友鎮上台報
告的話，老師和同學們一定會以為
友鎮有用心準備，所以泰浩也不甘
示弱地說：

　　「反正你本來就什麼都沒做，算
了吧，我自己報告就好！」

　　這次換成友鎮臉漲得通紅，語帶
諷刺地說：

　　「哼，全班沒有半個人想報告特
斯拉，如果不是我，你連報告的小組

都沒有。我可是看你可憐才跟你一組的！」

聽到友鎮這麼說，泰浩不由自主地大吼：

「那正好啊，我自己來，你滾去愛迪生組吧！」

泰浩粗暴地拿起書包離開了友鎮家，氣喘吁吁地走了好一陣子，但還是怒氣難消。小時候也是這樣，每次玩玩具都是泰浩讓步，收拾玩具的時候也是泰浩一個人做。即使如此，泰浩還是喜歡和友鎮一起玩。

上了小學之後，兩人分到不同班，所以有一段時間很少見面。這次能分到同一個班級，泰浩其實很高興。沒想到友鎮竟然會說出那種話，泰浩有種一直以來所累積的一切全都崩潰的感覺。

💡 誰是湯瑪斯・愛迪生？

湯瑪斯・愛迪生（1847～1931）
是全世界留下最多發明的人。童
年時的他是個對事物充滿好奇的
孩子，甚至曾想代替母雞孵蛋。
雖然愛迪生不太適應學校生活，
但他透過實驗解開自己各式各樣
的好奇心，逐漸成為創造新事物
的發明家。

從電報機到自動發報機、電話傳
話器、發電廠和電影攝影機等，
愛迪生不只創造了形形色色的發
明，也取得了專利。他無意之間
注意到的電流現象，也成為往後真空管與收音機發展的契機。
其中白熾燈泡的發明和商業化是他最偉大的成就，多虧有了燈泡，即使
在夜晚，人們也能點亮照明。而且，由於燈泡的發明，與電力相關的科
學領域也同時有所發展。

💡 什麼是電流戰爭？

愛迪生的公司曾經生產直流發電機，將電力供應給每個家庭。特斯拉為
了彌補直流電的缺點，製造出交流發電機。後來，西屋電氣公司以特斯
拉的交流發電為基礎，和愛迪生公司展開了競爭。這兩家公司激烈的商
業鬥爭過程，就被稱為「電流戰爭」。

第 3 章
不管怎樣
我們都是好朋友

友情的電路斷了線

從那之後，泰浩和友鎮即使在教室裡碰到面，連個招呼都不打只是擦身而過。

泰浩只要看到友鎮，內心感到既抱歉又生氣；友鎮也似乎變得格外沉默。

但是，一旦不小心四目相對，兩人的眼神中都彷彿冒出劈啪響的火花般，互瞪對方一眼才轉開視線。

又到了科學課，今天老師說要製作電力線路。

「把電線接到電池上，再連接燈泡看看。燈泡亮起來了嗎？從電池裡發出的電會通過電線流動，像這樣電的流動就稱為電流。」

燈泡一亮，小朋友們都哇地叫出聲，老師便開始講解串聯和並聯。

「這次換成連接兩個電池，燈泡的亮度會隨著電池的連接方式而有不同。你們可以試著連接，看看哪一種方式的燈泡會更亮。」

　　小朋友們按照黑板上的電路圖連接電線和電池。

　　「兩個電池各以不相同的極連成一串就稱為串聯，兩個電池相同的極並排連接則稱為並聯。」

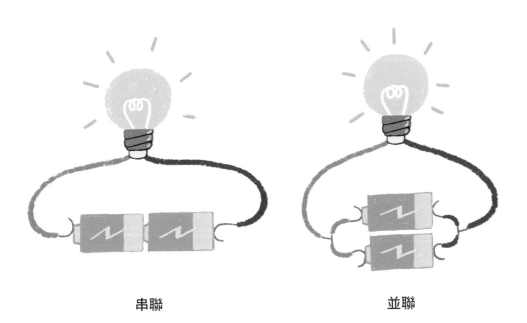

串聯　　　　　　　　　　　　　　並聯

同學們吵吵鬧鬧地連接電線，泰浩也試著連接電線，看得出來串聯的燈泡比並聯的電路亮得多。

　　「老師，用串聯連接的燈泡比較亮！」

　　「好，不要只是用說的，把觀察到的現象記錄下來吧。」

　　泰浩陶醉地盯著肉眼看不見的電流在燈泡裡發出光芒。這時，他的腦中湧現一連串的聯想。

　　友鎮個性開朗也擅長運動，所以很受歡迎；泰浩安靜，生性害羞，所以不容易交到朋友。

　　每次泰浩落單的時候，友鎮就會拉著他一起玩；泰浩則是經常傾聽友鎮的想法。兩人單獨相處的時候，泰浩經常會對友鎮描述書上讀到的趣聞，友鎮也很喜歡聽。

　　但是，現在狀況卻改變了，如果泰浩和友鎮之間曾經存在著友誼的燈泡，那燈泡已經熄滅了。

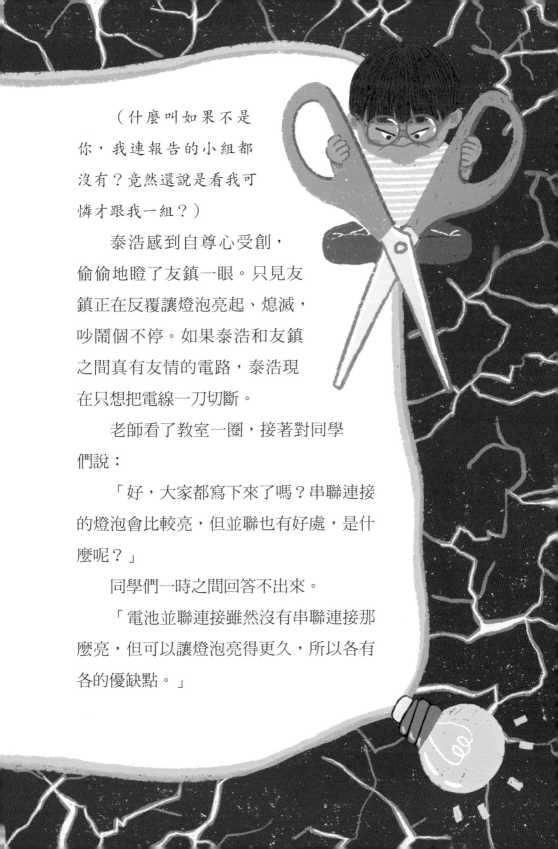

（什麼叫如果不是你，我連報告的小組都沒有？竟然還說是看我可憐才跟我一組？）

泰浩感到自尊心受創，偷偷地瞪了友鎮一眼。只見友鎮正在反覆讓燈泡亮起、熄滅，吵鬧個不停。如果泰浩和友鎮之間真有友情的電路，泰浩現在只想把電線一刀切斷。

老師看了教室一圈，接著對同學們說：

「好，大家都寫下來了嗎？串聯連接的燈泡會比較亮，但並聯也有好處，是什麼呢？」

同學們一時之間回答不出來。

「電池並聯連接雖然沒有串聯連接那麼亮，但可以讓燈泡亮得更久，所以各有各的優缺點。」

泰浩和友鎮是認識很久的朋友，現在電池的電力用盡，到了該熄滅的時候了。這麼一想，泰浩心裡就舒服多了。事到如今，他不需要一個耗盡的電池。

　　泰浩將觀察內容重新記錄在實驗作業簿上。

危急時刻伸出援手的真朋友

　　泰浩和友鎮冷戰了好一段時間，無奈之下，泰浩只能獨自調查特斯拉。友鎮連一次都沒有過問泰浩有關報告的事，在教室裡也看得出兩人的關係降到了冰點。友鎮自顧自地和同學們打打鬧鬧，泰浩則靜靜地看書。

　　又到了科學課的時間，老師檢查全班同學有沒有將上次在課堂上做的電路實驗結果確實記錄在實驗作業簿裡。

　　檢查結束之後，老師看著教室天花板突然問：

　　「我們教室裡的電燈是串聯，還是並聯？」

　　同學們紛紛給出了不同的答案。

　　「串聯！」

「是並聯！」

老師等同學們都回答了以後說：

「我們的教室有這麼多電燈，如果用串聯連接的話會怎麼樣？要是其中一盞日光燈壞掉了會發生什麼事呢？」

聽完老師說的話，同學們這才察覺到問題，紛紛回答：

「啊，那應該全部都會熄滅吧？」

「是的，如果有一盞電燈壞掉，只有用並聯連接其他電燈才不會熄滅。」

老師在下課之前問了大家：

「對了，你們都準備好報告了嗎？快做完的小組舉手。」

老師突如其來的詢問，泰浩不知所措地飛快看了友鎮一眼。泰浩和友鎮都不敢舉手。

老師問友鎮：

「特斯拉小組，怎麼都沒反應？友鎮，特斯拉研究的是直流電還是交流電？」

友鎮頓時驚慌地回答不出來。

「這個主題牽涉到電力，比較難吧？可是要介紹特斯拉，就一定會提到直流電和交流電⋯⋯。」

友鎮的臉漸漸紅了起來，他對老師說：

「我不打算做特斯拉了。」

「那泰浩要自己一個人做嗎？上次你還說沒有問題，這是怎麼回事？是不是你都沒有準備報告，全部推給泰浩一個人？」

友鎮低著頭，什麼話都說不出來。教室裡的空氣瞬間凝結。

泰浩覺得友鎮很可憐，想幫友鎮說話，但又不知道該說什麼才好。他覺得這種時候還不如坦白直說，於是泰浩舉起手來。

「老師，我們很喜歡特斯拉，只不過電這個主題太難了，所以我們兩個人分工合作。我負責查有關電的資料，友鎮負責整理之後上台報告。」

老師開口緩和氣氛，問友鎮：

「是這樣的嗎？」

友鎮不敢乾脆地回答，只好點點頭。

「很好，我知道了。這次報告的目的雖然是了解科學家之後跟同學們分享，但老師也希望你們能學習和同學之間的團隊合作。老師會注意你們是不是真的有分工完成報告。」

「好！」

同學們大聲地回答，而友鎮只是低著頭。

下課時間，泰浩正要去洗手間，有人拍了拍他的肩膀，回頭一看發現是友鎮。

「串聯、並聯、直流、交流，還真難懂耶！」

看著一副若無其事的友鎮，泰浩也不自覺地笑了出來。

他原先還在猶豫要不要切斷友情電路的想法完全消失，也附和著友鎮說：

「對啊，我也覺得好難，真想乾脆說『不知道，下一題！』而且剛才你看起來好可憐喔。」

聽到這句話，友鎮咯咯笑了起來。

「可憐？你是在報復我嗎？」

泰浩也笑著將上次沒說完的故事說給友鎮聽。

「所以你知道電流戰爭最後誰贏了嗎？就是上次說過的，愛迪生的公司和擁有特斯拉技術的西屋電氣這兩家公司的競爭。」

友鎮一副誠心誠意請教的樣子問：

「是誰，哪家公司贏了？」

「當時正好要舉行盛大的世界博覽會，只要取得供電權為博覽會場安裝必要的照明和電力的話，就能獲得公信力。後來是由西屋電氣打敗了愛迪生的公司被選中了。所以是特斯拉的交流馬達贏了！」

　　泰浩開心得像是自己在競爭中贏過愛迪生一般，
露出燦爛的笑容。

💡 直流電和交流電有什麼差別？

電會沿著電線流動，電的流動就稱為電流，而電的流動有兩種方式。直流是電沿著固定的方向流動，不能輕易改變電壓。交流則是電流的方向會發生週期性變化，可以通過變壓器改變電壓。因此，在遠距離輸送電力時，需要的是可以改變電力強度的交流電。

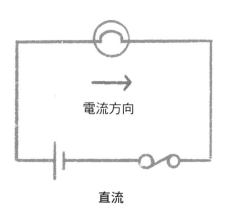

直流

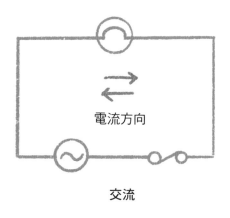

交流

玩具、遙控器、手電筒主要使用乾電池。乾電池採用直流發電，電只沿著一個固定的方向流動。這就是為什麼乾電池裝錯方向，電就無法流動的原因。

我們在家庭中所使用的電器，大部分採用交流發電方式。家用電器的插頭不管用哪個方向插進插座都可以正常運作，這是因為電流方向會不斷改變的緣故。

如何將電輸送到家裡？

生產電的地方是發電廠，利用石油或煤炭發電的稱為火力發電，利用風的力量發電的稱為風力發電，利用高處落下的水發電則稱為水力發電。

那麼在發電廠生產的電是如何來到我們的家裡呢？

發電廠生產的電要輸送到遠處時，必須經由變電所加強電壓，再通過傳輸線路將電送往住家附近的變電所。但是將高壓電直接送到住家的話非常危險，所以就必須經過降低電壓的過程。在變電所降低電壓之後，利用電線桿上的變壓器再一次將電壓降低成方便家庭使用的電壓，並將電輸送出去。這麼一來，電就能輸送到家家戶戶，大家因此可以方便地使用電力。

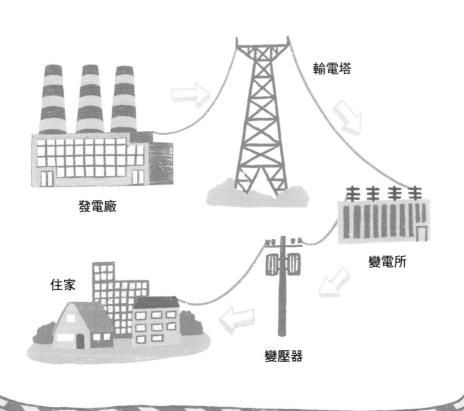

輸電塔

發電廠

變電所

住家

變壓器

特斯拉是電的魔法師

　　泰浩和友鎮決定要再次一起準備報告，泰浩負責內容困難的部分，友鎮主要負責查找資料圖片。

　　他們這次也決定在友鎮家碰頭。在前往友鎮家的路上，泰浩感到有點緊張，不時想起上次在友鎮家大吵的事情。雖然兩人若無其事地和好了，但只要想起那時候的情形，泰浩還是覺得友鎮很可惡。

　　泰浩才剛按下友鎮家的門鈴，友鎮就笑著為他開門。泰浩鞋子都還沒脫好，友鎮就興匆匆地要把他拉進房間。

　　友鎮像是早就在等泰浩的到來，啟動電腦，打開了特斯拉圖片資料夾。

　　「哇，看來李友鎮有認真在準備喔？」

話一說完，友鎮就用可憐兮兮的聲音說：

「不是啦，我後來想了想，覺得自己好像有點過分。我們明明是同一組，我卻把事情都推給你做，還跟你作對。」

「哼，算你有自知之明！我也很抱歉那天對你說了重話。」

於是，友鎮攬著泰浩的肩膀說：

「喂，雞皮疙瘩都起來了。別說了，你看這張照片，很棒吧？上次老師不是說特斯拉的綽號是『電的魔法師』嗎？」

「你不錯嘛，竟然記得老師說的話！」

友鎮聽到這話給了泰浩一拳。

「喂，不要因為我成績不好就瞧不起我。總之，特斯拉為了宣傳交流電的優點，展示了很多神奇的電力實驗，大家都以為他在變魔術。你看這張照片！」

泰浩仔細看著照片。

「沒有接電啊？那燈怎麼會亮？」

友鎮聽了也感到很吃驚。

「我也不知道耶！啊，這裡有寫，說是可以用無

線方式打開電燈。哇，那麼久以前居然就能做得到這種事？真厲害！我明白為什麼會稱他是魔法師了。」

友鎮又給泰浩看另一張照片。

「看看這個，電火花發出像是會滋滋響的閃光，大概沒什麼危險吧，他還在看書呢！」

「照片裡的地方是特斯拉在美國科羅拉多州的研究室，特斯拉在那裡實驗和研究無線供電的方法。特斯拉似乎想用這些照片來展現自己的研究很厲害，也很安全。」

泰浩接著佩服地說：

「友鎮，你真的很認真在找資料耶。我們把這些照片一張一張展示出來，大家看了都會嚇一跳吧？」

泰浩光想就覺得高興，腦海裡浮現同學們驚訝地合不攏嘴的場景。兩人頭挨著頭，將每張照片的說明都整理成一行字並寫下來。

這時友鎮說：

「泰浩，這次你也一起上台報告好不好？」

泰浩很煩惱，想到自己一上台就臉紅，就覺得很害怕。看到泰浩猶豫不決，友鎮於是說：

「我們兩個一起上台報告，如果你又臉紅得像烤番薯，我就稍微幫你一把。但是，你也要教我怎麼做報告。」

　　泰浩偶爾會覺得幸好有友鎮這個朋友，現在他又有這種感覺了。

特斯拉的夢想

　　作業快做完的時候，友鎮的媽媽端了炸雞來給他們吃。泰浩和友鎮各拿著一支雞腿，嘎吱嘎吱地啃著吃。友鎮嘴裡嚼著雞腿，一邊說：

　　「特斯拉的那個年代，應該沒有這種炸雞吧？」

　　泰浩也是邊吃邊說：

　　「就算有，特斯拉應該也不會吃吧。」

　　「這麼好吃的東西他為什麼不吃？」

　　泰浩用衛生紙擦擦油膩的手，打開小筆記本。

　　「據說特斯拉有很多特殊的習慣，也不太喜歡吃肉。他很迷信數字三，所以吃飯前要洗三次手，進入某個建築物前要先在周圍繞三圈才進去。還有，雖然不知道原因，聽說他很討厭女生會用的珍珠飾品，而

且他不結婚，獨自生活了一輩子。」

「他應該過得很孤獨又很辛苦吧，這麼一想就覺得他有點可憐。不過，特斯拉擁有很多專利和發明，他應該很有錢吧？」

泰浩搖了搖頭：

「沒有。據說和特斯拉合作過的西屋電氣原本應該支付特斯拉大筆的專利授權金，但因為公司營運不

佳，特斯拉就主動表示可以不收這筆錢，但是要求對方一定要用這筆錢實現自己的技術。」

友鎮瞪大了眼睛。

「怎麼可以！自己辛辛苦苦研究學習才取得的獨家技術，竟然不收錢就給了別人？」

「特斯拉認為，比起賺大錢，最重要的是讓自己的技術能幫助到更多的人。」

「這雖然是件好事，但要是我的話，應該會堅持討到這筆錢。」

泰浩吃著炸雞，接著他又找到了新的資料，轉述給友鎮聽：

「特斯拉建了一座名叫沃登克里弗塔的大鐵塔，你知道為什麼嗎？據說他是想用無線的方式傳輸電力給人們使用。只是最後因為資助中斷，沒辦法完成研究。我覺得他願意大方貢獻自己的技術，真的是非常了不起。」

友鎮聽著泰浩的描述，嘴裡嚼著炸雞說：

「哇，這些事情真的很重要耶。要是你今天沒跟我說這些故事，我還以為特斯拉就只是一個科學怪人

呢！充滿人情味的科學怪人尼古拉·特斯拉。哦，感覺不錯耶！」

　　泰浩聽到友鎮這麼說，也豎起大拇指說：

　　「仔細想想，我們享受到的技術，不就是特斯拉的夢想之一嗎？現在這個時代，只需要這麼小一支無線電話就什麼事都辦得到。」

　　「你說的雖然沒錯。不過我們每個月都要付電話費，我媽一直在煩惱怎樣才能換成更便宜的方案。特斯拉叔叔既然都開始做了，要是能更努力一點，不管

是通訊還是電都能讓人免費使用的話，那該有多好。真可惜！」

聽到友鎮這番話，泰浩忍不住笑了出來，然後用十分真誠的語氣對他說：

「友鎮呀，如果真的像特斯拉希望的那樣，所有人都可以盡情地免費用電的話，那你覺得這世界會出現什麼變化？」

「不知道耶？應該有好也有壞吧，隨意使用電有可能會破壞環境。」

泰浩目不轉睛地看著友鎮。

「你偶爾會像這樣一針見血耶。」

「多謝稱讚！那要不要把你提到的問題放在報告的最後面？」

泰浩欣然表示同意。

泰浩和友鎮用油膩的手擊掌達成共識。

第4章
特斯拉
開啟電力的時代

忐忑不安的報告日

　　終於到了上台報告的日子，泰浩從早上就開始緊張到不行，只是上台報告而已，不知道為什麼心臟跳得這麼厲害。友鎮還是和平常一樣，忙著和同學們嘻嘻哈哈地說笑。

　　前面三組報告完畢，輪到泰浩和友鎮這組了。友鎮先開始報告。

　　「我們這組調查的是科學家尼古拉‧特斯拉，請先播放第一張照片。」

　　坐在電腦前面的泰浩打開檔案，螢幕上出現特斯拉的照片。

　　「這個人就是尼古拉‧特斯拉，他是一位天才科學家，為電添上突破限制的翅膀，讓更多的人可以使

用電。尼古拉・特斯拉的夢想，是讓全天下的人都能方便用電，現在特斯拉的許多夢想都已經實現。電力在現代既方便又容易取得，當時為了讓所有人都能使用，尼古拉・特斯拉還開發了穩定的交流電系統。」

友鎮看了看全班同學，以從容不迫的語調報告；泰浩配合友鎮的報告，播放一張張的圖片。友鎮滔滔不絕地解說，看起來真的很厲害，就在泰浩稍微走神的時候，友鎮說：

「根據電的流動方式可以分為直流電和交流電。接下來由我們這組的王牌——泰浩來為大家說明。」

友鎮一說完，泰浩就扭扭捏捏地走向前，還沒開始說話就已感覺滿臉通紅。小朋友們發出咯咯的笑聲，老師「噓」的一聲制止。

「好了，我們一起來聽聽特斯拉小組的王牌——泰浩的報告，好不好？」

連老師都這麼說，泰浩更是連耳朵都紅了起來。但是，他很快地提起勇氣開始報告。

「愛迪生的公司使用直流發電機，特斯拉製造了交流發電機。直流是……直流就是……。」

直流　　　　交流

泰浩突然覺得眼前一片漆黑。他看向老師，而老師只是笑著用表情表示會等他。泰浩腦海一片空白。

　　「直流就是……電流動的方式，所以就是說，那個是……。」

　　這時，友鎮悄悄地以嘴型提示「一個方向」，並且用手指了指箭頭符號的方向。泰浩這才想起來，又接著說：

　　「電流朝著固定的一個方向流動，交流是指電流的方向不固定，可以往這邊，也可以往那邊，請看這張圖。」

　　友鎮操作電腦讓圖片出現在畫面上。以往都只會口頭報告的友鎮，這次也學到了如何加入圖片和製作報告用的檔案。他似乎覺得用電腦翻頁很有意思，點擊時都很用力，有時會一下子就翻了兩頁。只要發生這種狀況，同學們就哈哈大笑，不過泰浩一心一意要結束報告，根本沒聽見同學們的笑聲。泰浩一結束報告，就趕緊回到座位。

　　友鎮又接著上台。

　　從特斯拉和愛迪生的發明，到兩家電力公司的電

流戰爭，友鎮都講解得趣味橫生。當播放有電火花迸射的特斯拉照片時，同學們全都驚訝地合不攏嘴，泰浩就坐在座位上解釋照片的原理。

每當以照片的方式介紹特斯拉發明的東西時，大家的反應都很熱烈。友鎮描述特斯拉晚年獨自創造發明，以及他直到過世都孤身一人的故事後結束報告。最後，友鎮問大家：

「如果像特斯拉期望的，所有人都可以隨心所欲用電的話，大家覺得這世界會出現什麼變化？」

話才剛說完，一位同學就回答：

「可以不用看媽媽的臉色，盡情打電動。」

同學們一聽都哇哈哈地大笑。友鎮接著說：

「是啊，對我們來說也會非常方便。特斯拉想建造一個巨型發電機，讓全世界的人都能免費用電。或許就是因為有特斯拉的努力，我們現在才能方便地用電。除此之外，據說特斯拉還擁有超過200項專利，有很多我們熟悉的發明，都是因為有他才出現。例如無線通訊、遙控器、雷達裝置、X光照片、微波爐、垂直起降飛機等，都運用到特斯拉發明的技術。」

「哇，連這些東西都跟特斯拉有關嗎？」

傳來有人喃喃自語的聲音。友鎮繼續說：

「對，就是這樣！幸好有特斯拉在大約一百年前所發明的技術，我們才能有現在這樣便利的生活。」

報告一結束，同學們為泰浩和友鎮報以熱烈的掌聲，泰浩和友鎮也高興得互相擊掌。兩人真是獨一無二的最佳拍檔！

特斯拉所留下的成就

尼古拉・特斯拉開發了交流電系統，也留下了許多發明。接下來將介紹特斯拉以其出眾的想像力和卓越的技術實現了哪些成就。

交流電系統的發明與發展

特斯拉發明了交流發電機、感應馬達和變壓器，更進一步開發了交流電系統。隨著交流電系統的完善，人類用電變得更有效率，也更為便利。1895年世界上第一座採用交流電系統的水力發電廠在尼加拉瀑布建造完成。

無線供電研究的先驅者

特斯拉在美國紐約建造了沃登克里弗塔，計劃在塔內生產巨量的電能，以無線方式傳輸到世界各地。然而，由於投資方拒絕提供更多資金，因此這座塔還沒完成就遭到拆除。

超乎想像的發明王

特斯拉直到去世前都沒有放棄發明，在特斯拉卓越的想像力之下所誕生的發明，也給了後世科學家許多靈感。

特斯拉對無線通訊十分有興趣，也投入了大量的努力。1898年，他製造的一艘無線遙控船在大眾面前亮相。但直到過了500多年後，遙控器才開始出現在我們的日常生活中。

特斯拉在1893年使用設備展示無線通訊的技術，不過之後和義大利科學家馬可尼發生了專利上的糾紛，最後是由完整開發出無線電系統，並將其商業普及化的馬可尼獲得了無線通訊之父的稱號。

特斯拉線圈是一種用來生產高電壓，但低電流、高頻率的交流電裝置，可以產生數十到數百萬伏特的電壓。特斯拉雖然是為了實現無線供電才發明了這種線圈，但現代並非使用此技術來運送電力，通常在活動舞台、電影或表演等需要展現特效時才會使用。

位於塞爾維亞首都貝爾格萊德的尼古拉·特斯拉博物館中，參觀者正在利用特斯拉線圈進行實驗。

魔術師大衛·布萊恩正在使用特斯拉線圈表演特技。

夢想成真的世界

　　泰浩在公園前等友鎮，遠遠地一看到友鎮，他馬上揮揮手。兩人各買了一支冰棒，在公園的一角坐了下來。

　　結束了特斯拉的報告之後，他們兩人突然變得經常見面。

　　「友鎮，我跟你說。特斯拉晚年好像過得很困苦，因為沒錢只能吃餅乾，自己住在紐約的一家旅館裡，最後就在那裡去世。老年時期的特斯拉有一個興趣，你知道是什麼嗎？」

　　「當然是發明呀？」

　　友鎮毫不在意地說，泰浩搖了搖頭。

　　「不是，他會在公園裡餵鴿子，就像那種鴿子。

據說在那群鴿子之中，他特別喜歡一隻白鴿。」

泰浩用手指著的地方，有一群鴿子飛落在地面，正在啄食某個人撒的飼料。

看到友鎮一副不解的神情，泰浩說出了更令人驚訝的故事。

「對了，之前不是說特斯拉迷信數字3嗎？他無家可歸住在旅館裡的時候，旅館房間號碼就是3327。我愈想愈覺得他真是一位奇特的人。」

友鎮這次用擔憂的表情問：

「特斯拉有那麼多的發明，為什麼會過得孤獨潦倒呢？」

「他的發明雖然多，但是在世時好像都沒有直接拿來販賣。雖然擁有專利，但也是在很久以後才有商品出現。這樣你應該看得出來特斯拉是多麼領先時代的科學家了吧？」

「嗯，原來如此啊。不過話說回來，泰浩你還在迷戀特斯拉呀？」

聽到友鎮的話，泰浩笑了笑接著說：

「據說特斯拉的夢想是創造一個人們可以無線收

聽音樂、隨心所欲用電，生活便利的世界。這在當時
雖然很驚人，但對現在的人來說是理所當然。特斯拉
有想過未來會變成這樣的世界嗎？」

友鎮拍了拍泰浩的肩膀說：

「他應該知道，所以才有這些發明啊。雖然自己看不到，但應該想像過吧。如果他在世的時候能看到這樣的情景，一定會很高興。」

「是呀，偉大的成就都是來自超越時代的想像，所以通常都是後人受惠。特斯拉的例子也是一樣。」

聽了泰浩這番話，友鎮開玩笑地說：

「不過你今天幹嘛這麼認真啊？對特斯拉的感情就到此為止了吧？我會吃醋喔！」

泰浩害羞地看著地面說：

「你知道嗎？我沒想到會又跟你變得這麼要好，我雖然也想和你一起玩，可是你都和別人……」

話還沒說完，友鎮就向後退說：

「你今天是打算讓我雞皮疙瘩掉滿地吧？怎麼突然說這種話？」

泰浩看著友鎮笑著說：

「謝謝你跟我一組，坦白說，一開始我以為沒人願意跟我一組，還覺得很難過呢！」

友鎮厚著臉皮說：

「所以啊，你可要對我這個大哥好一點，不要因

為我成績比較差就欺負我。」

「什麼？大哥？我比你早一天出生好不好！」

泰浩和友鎮就這樣為了誰是哥哥、誰是弟弟爭辯了好一會。

到了該各自回家的時候，友鎮對泰浩說：

「泰浩，我也很謝謝你。多虧有你，我才認識了一位優秀的科學家。我也很高興能和你和好……。」

看到友鎮這個樣子讓泰浩很不習慣，一時驚訝到不知道該說什麼，只好默默站著。友鎮又接著說：

「忘了從什麼時候開始，比起在外面玩，你更喜歡看書，我好像就是因為這樣才和你慢慢疏遠。而且你的成績比我好那麼多，所以才會覺得跟你變得有距離感。哼哼！」

泰浩有點不好意思地咧嘴笑著說：

「你真是的，幹嘛這麼肉麻？」

但是，友鎮還是一本正經的表情，用腳尖踢著地面說：

「還有，我很抱歉，沒有幫忙準備報告的內容，還耍賴偷懶。」

友鎮似乎想轉換氣氛，「嘿！」一聲站了起來。

「泰浩，明天我和賀丹、民俊約好要騎腳踏車，你要不要一起來？」

泰浩看著友鎮，然後圈起手指做出「OK！」的手勢。

回家的路上，泰浩張開雙臂跑向聚在公園一角的鴿群，鴿子受到驚嚇紛紛振著翅膀飛走了。

聰明學習
電力與電子

◎ 電子是什麼？

世界上所有的物質都是由「原子」這個非常微小的粒子組成。原子是由電子和原子核組成。原子核位於原子的中央，電子則繞著原子核快速移動。電子帶著負（－）電荷，原子核則帶著正（＋）電荷。

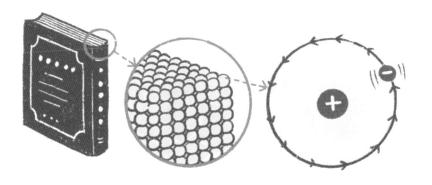

電荷是起電現象的原因，電荷有兩種，正電荷和負電荷。在帶電物質之間會產生作用力，帶有不同類型電荷的物體之間存在相吸的作用力，帶有相同類型電荷的物體之間則存在相斥的作用力。

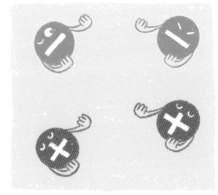

◎ 為什麼會產生電？

然而，並非所有物體都帶電。我們常用的書、書包、鉛筆盒、杯子等物體通常不帶電，因為平時原子裡的正電荷和負電荷數量相等。像這樣既不是（＋），也不是（－）的狀態，就稱為電中性。

但是，當兩個物體互相摩擦或接觸造成電子移動時就會產生電力。例如用氣球摩擦頭髮，受到作用的電子就會從一個物體移動到另一個物體。這時，失去電子的物體帶正電荷，獲得電子的物體帶負電荷。物體在摩擦或接觸後帶相反電荷，產生互相吸引的力量，稱為「摩擦起電」。

◎ 為什麼金屬容易導電？

在各種物體中，金屬尤其容易導電。

金、銀、銅、鋁等導電性絕佳的物質稱為「導體」，而橡膠、塑膠、紙、木材、玻璃等導電性不佳的物質則稱為「絕緣體」。

導體

絕緣體

金屬很容易導電，是因為金屬內有許多「自由電子」。在電子中，有被原子核束縛，只圍繞著它周邊旋轉的電子；也有不受原子核的約束，可以自由移動的「自由電子」。金屬內有許多自由電子，所以很容易導電。

如果仔細觀察電線，會發現銅線外面包覆有橡膠或漆皮。銅線具有良好的導電作用，而作為絕緣體的橡膠則可以保護我們免於觸電的危險。

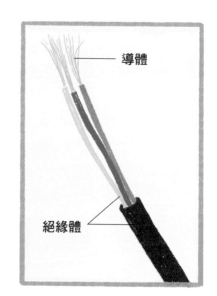

導體

絕緣體

◎ 電磁鐵是什麼？

電子和磁鐵有許多相似之處，譬如電子有負(－)極和正(＋)極、磁鐵有N極和S極，兩者也同樣具有同極相吸、異極相斥的性質。

利用電的特性製成的磁鐵稱為「電磁鐵」，電磁鐵只有在電流流動時才會表現出磁鐵的性質。磁鐵的磁極固定，但電磁鐵只要改變電流，就可以改變磁極的方向或增加強度。在我們的生活周遭隨處可見利用電磁鐵的例子。

起重機
當電流流動時，就會吸住金屬。只要切斷電源，就可以使金屬脫離。

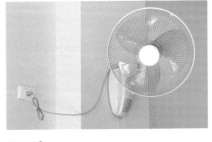

電風扇
在利用電磁鐵性質的電動馬達上加裝扇葉，旋轉扇葉就能產生風。

擴音器
電磁鐵和磁鐵互相吸引或排斥，帶動薄膜一起振動，並產生聲音。

掃地機器人
利用電磁鐵和磁鐵之間相互吸引或排斥的力量快速旋轉。

◎ 如何節約用電？

現在這個時代，從家電產品到工廠機械、產業的各個領域，沒有不用電的地方。但是在電力產生之後輸送到家庭的過程中，需要花費大量的金錢和努力。電並非取之不盡，用之不竭，所以了解節約用電的方法並實踐非常重要。

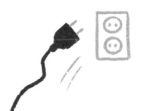

通常電器即使沒在使用，只要插頭還插在插座上就會有電流流動，此時流動的電力就稱為待機電力。不使用的電器拔掉插頭，或使用可以切斷待機電力的多孔延長線，也是節約能源的方法。

貼在家電產品上的能源效率等級標示，是將耗能量分級標示的一種標章。1級表示最省電、能源效率最好，並標示「每年耗電量」，代表該電器每年會消耗多少電力。

冷氣設定在適當的溫度，搭配電風扇一起使用，對節約能源有很大的幫助。冬天穿上保暖衣物，適當地維持暖氣的溫度，也是節約用電的一種方法。

大型建築物的電梯隔層停靠，相鄰樓層步行上下樓，不僅可以節省電力，也有益健康。

◎ 如何安全用電？

電方便了我們的生活，但也存在很多危險，尤其要注意不要發生觸電事故或火災等大型事故。以下將介紹安全用電的方法。

要小心不要讓插座周圍或電器沾到水，也絕對不要用濕手插插頭，這些行為都非常危險。

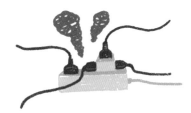

不要在同一多孔延長線上同時連接並使用好幾種電器，尤其是連接數個耗電量大的電器使用時，有可能會因為過熱而起火。

不用的插座孔要加上保護塞，以防有尖銳物品刺入。除此之外，插座孔也需要清潔，避免灰塵進入。

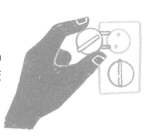

如果家中養有寵物，家裡的電線、電纜、電池要遮掩好或確實收好，以免發生寵物撕咬拉扯的事故。

監修者的話

如今，電腦、冰箱等幫助我們過著便利生活的大多數設備，都是利用電力運轉。就連一向靠石油驅動的汽車，近年也開始利用電力驅動。而「特斯拉」也是一家廣為人知的電動車製造公司的名稱。

只要講到尼古拉・特斯拉，一定會連帶提到愛迪生。眾所周知，愛迪生發明了非常實用的燈泡，但是相較之下，特斯拉的成就卻罕為人知。原因在於特斯拉的發明在我們的日常生活中並不那麼顯眼，都是一些利用普通人難以理解的交流發電機和各種使用交流電的設備。然而，因為現代電力文明是通過特斯拉的發明才有了快速的發展，所以特斯拉被譽為是現代電力文明的奠基者。

特斯拉的發明例如交流發電機、感應馬達、無線電傳輸等，都是基於交流電的特性。想要了解交流電，就必須了解電磁感應現象。但這是非常困難的理論，在目前的教育課程中要到高中或大學才可能會學到。因此，很難向小學生解釋利用電磁感應這種物理定律的交流電，以及特斯拉奠基於此的成就。

在《特斯拉的交流電奇想：為電添上突破限制的翅膀》書中，通過「泰浩」和「友鎮」這兩名學生準備分組報告作業的過程，介紹特斯拉的生平以及他開發的交流電供電系統。「泰浩」和「友鎮」從一開始爭吵不休，到最後互助合作，成功地完成特斯拉的報告，兩人也隱約明白了特斯拉畢生豐功偉業其中的意義。

如前所述，要向小學生解釋交流電的概念並不容易，所以採取說故事的方式來介紹特斯拉的生平和成就是非常合適的策略。如果能通過這本書對特斯拉產生興趣，往後在學習交流電，甚至是其他電力知識的時候就會覺得格外親切，而不會產生距離感。

我大力推薦本書給想知道特斯拉生平和成就的孩子們，以及想講述憑著滿腔熱忱在擅長領域裡竭盡全力的人物故事的家長。

首爾龍山高中物理教師 高俊台

國家圖書館出版品預行編目 (CIP) 資料

特斯拉的交流電奇想：為電添上突破限制的翅膀/
李惠珍著；朴賢株繪；游芯歆譯. -- 初版. -- 臺
北市：臺灣東販股份有限公司, 2024.03
110 面；16.5×22.5 公分
譯自：니콜라 테슬라, 전기에 날개를 달다
ISBN 978-626-379-250-0 (平裝)

1.CST: 特斯拉 (Tesla, Nikola, 1856-1943)
2.CST: 傳記　3.CST: 電力　4.CST: 交流電

785.28　　　　　　　　　　　113000403

니콜라 테슬라, 전기에 날개를 달다
Text Copyright © 2022 by 함지슬 (李惠珍) Ham JiSeul
Illustration Copyright © 2022 by 박현주 (朴賢株) Park Hyunju
All rights reserved.
Original Korean edition published by A Thousand Hope.
Chinese(complex) Translation rights arranged with A Thousand Hope.
through M.J Agency
Chinese(complex) Translation Copyright © 2024 by TAIWAN TOHAN CO., LTD.

特斯拉的交流電奇想
為電添上突破限制的翅膀

2024 年 3 月 1 日初版第一刷發行

作　　　者　李惠珍
繪　　　者　朴賢株
監　　　修　高俊台
譯　　　者　游芯歆
編　　　輯　曾羽辰
美 術 設 計　許麗文
發 行 人　若森稔雄
發 行 所　台灣東販股份有限公司
　　　　　　＜地址＞台北市南京東路4段130號2F-1
　　　　　　＜電話＞(02)2577-8878
　　　　　　＜傳真＞(02)2577-8896
　　　　　　＜網址＞http://www.tohan.com.tw
郵撥帳號　1405049-4
法律顧問　蕭雄淋律師
總 經 銷　聯合發行股份有限公司
　　　　　　＜電話＞(02)2917-8022

著作權所有，禁止翻印轉載，侵害必究。
購買本書者，如遇缺頁或裝訂錯誤，
請寄回更換（海外地區除外）。
Printed in Taiwan